Inhaltsverzeichnis

Vorwort

Eine wilde Wiese ist wie ein Fest für die Sinne. Überall summt und brummt es. Blumen leuchten in den verschiedensten Farben und Gräser und Blüten verströmen ihre Düfte, um die Insekten anzulocken. Die Wiese ist eine Umgebung, in der Kinder mit allen Sinnen lernen und ihre Umwelt aktiv begreifen können. Diese Projektmappe bietet zahlreiche praktische und anregende Ideen, die Wiese zu erforschen und zu entdecken. Dabei werden viele Bildungsbereiche angesprochen.

Es werden Wiesenlieder gesungen und Fingerspiele durchgeführt. Durch eine Geschichte wird den Kindern bewusst, dass es immer weniger wilde Wiesen gibt und dass wir diese schützen sollten. Bastelangebote mit verschiedensten Materialien schulen die Sinneswahrnehmung und Feinmotorik der Kinder. Viele der Angebote werden mit einfachen Alltagsmaterialien umgesetzt. Aus Blüten und anderen Naturmaterialien entstehen kreative Produkte und die Kinder lernen Tiere und Pflanzen auf der Wiese kennen. Sie führen ein Experiment mit Löwenzahn durch und legen selbst eine kleine wilde Wiese an. Spielerische Aufgaben rund um den spannenden Lebensraum regen die Kinder zur Auseinandersetzung mit ersten Zahlen und Mengen an. Auch Rezepte mit Wiesenblumen können ausprobiert werden.

Außerdem gibt es verschiedenste Wahrnehmungs- und Bewegungsaufgaben passend zum Thema für drinnen und draußen. Mehrere Projekte schulen zudem die Sozialkompetenz der Kinder, da diese gemeinsam durchgeführt werden.

Jede Aktion enthält eine Altersangabe und eine Angabe zum Bildungsbereich, sodass Sie die Projekte und Arbeitsblätter gezielt mit der ganzen Gruppe oder mit Teilgruppen durchführen können. Außerdem enthält jede Seite eine Arbeitsanleitung, eine Materialliste, Tipps und eventuell eine Kopiervorlage.

Ich wünsche Ihnen eine tolle Zeit bei diesem Projekt rund um die Wiese!

Svenja Ernsten

Hinweis: Liebe Fachkraft, wir möchten in unseren Materialien niemanden benachteiligen oder diskriminieren. Daher nutzen wir unter anderem das Gendersternchen, um alle Geschlechter anzusprechen. Auf Arbeitsblättern für Kinder verzichten wir jedoch aus Gründen der besseren Lesbarkeit darauf und nutzen weiterhin entweder die „neutrale“ Form oder Doppelformen. Selbstverständlich sind stets alle Geschlechter gemeint.

Vorbemerkungen und Arbeitshinweise

Zu den verwendeten Symbolen

Bildungsbereiche (jeweils das äußerste Symbol oben rechts auf den Arbeitsblättern):

 Sprachliche Bildung

 Musikalische Bildung

 Ästhetische Erziehung

 Umwelt-, Sach- und Naturbegegnung

 Gesundheit und Ernährung

Mathematische Bildung

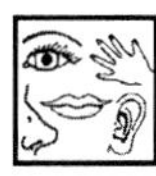 Wahrnehmung und Entspannung

 Körpererfahrung und Bewegung

 Sozialerfahrungen

Sonstige Symbole:

 geeignet für die Begabtenförderung

 für unter 3-Jährige geeignet

Layout:

- Die Seiten mit **der Blume** im Layout unten rechts sind für die Erzieher*innen gedacht. 
- Die Seiten mit **dem Gras** unten rechts sind Arbeitsblätter, die direkt mit den Kindern bearbeitet werden können. 

Wissenswertes zum Thema „Wiese"

Wiesen in Mitteleuropa sind meist nicht natürlich entstanden, sondern wurden vom Menschen und seinen Nutztieren geschaffen. Ohne das Mähen durch den Menschen oder das Grasen großer Pflanzenfresser würden die meisten Graslandschaften schnell wieder mit Bäumen zuwachsen. Diese frei wachsenden Wiesen sind aber der Lebensraum von vielen verschiedenen Pflanzen und Tieren. Hierzu gehören beliebte Blumen wie der Mohn, die Glockenblume, die Margerite, der Löwenzahn und das Gänseblümchen. Auch verschiedenste Vogelarten und Insekten leben auf Wiesen. Im Gras sind Käfer, Heuschrecken und Spinnen unterwegs. Auch größere Säugetiere wie der Hase oder der Igel fühlen sich auf der Wiese wohl. Unter der Erde leben Maulwürfe, Mäuse und Regenwürmer.
Wiesen sind auch für uns wichtig. Sie bieten Schutz vor Erosion und Überschwemmungen, reinigen unser Trinkwasser mit ihrem dichten Wurzelgeflecht und binden und speichern viel Kohlendioxid, was unser Klima schützt.
Immer mehr wilde Wiesen wurden jedoch in den letzten Jahrzehnten durch Straßen und Häuser zugebaut oder für Felder umgegraben. Einige Wiesen wie Schafsweiden oder Streuwiesen lohnen sich nicht mehr und werden aufgegeben, so verdrängen Büsche und Bäumen den Lebensraum Wiese wieder. Daher sollten Wiesen geschützt werden. Inzwischen sind am Rand vieler Felder Streifen mit Wildblumen angelegt. Auch für den Garten gibt es Samenmischungen mit Wildblumen zum Aussäen.

Allgemeine Hinweise zur Organisation und Durchführung

Das Projekt ist so angelegt, dass die Aktionen in beliebiger Reihenfolge bearbeitet werden können. Sie können vielfältig miteinander kombiniert werden. Natürlich können auch nur ausgewählte Angebote eingesetzt werden.

Zum Umgang mit den Arbeitsblättern:
Bevor die Kinder die Arbeitsblätter bearbeiten, ist es sinnvoll, die Aufgabenstellung mit den Kindern zu besprechen. Hierfür eignen sich auch kleinere Gruppen. Für die Aufbewahrung der Arbeitsblätter gibt es verschiedene Möglichkeiten:

- Ablagefächer (alternativ unifarben gestaltete Deckel von Kopierkartons): Die Kinder haben so freien Zugriff auf die darin sortierten Arbeitsblätter und können ihre Aufgaben selbst auswählen.
- Jedes Kind verfügt über einen Schnellhefter, in den Sie regelmäßig nach Alter und Entwicklungsstand ausgewählte Arbeitsblätter (z. B. zwei Arbeitsblätter pro Woche) einheften oder gemeinsam mit dem Kind aussuchen. Die Kinder wählen den Zeitpunkt der Bearbeitung entweder frei oder es gibt festgelegte Zeiten, innerhalb derer ein Kind seine Arbeitsblätter bearbeiten kann.
- Die fertiggestellten Arbeitsblätter werden im Schnellhefter oder in einer Sammelmappe/einem Sammelordner abgeheftet bzw. gehören als Anlage zur Bildungsdokumentation oder zum Portfolio.
- Es empfiehlt sich außerdem, einen Schuhkarton für andere gefertigte Objekte anzulegen.

Einstieg in das Thema:
Als Einstieg in das Thema bietet es sich an, eine wilde Wiese in der Umgebung zu besuchen. Dort können die Kinder die Wiese mit allen Sinnen erleben. Mit nackten Füßen können sie das Gras unter ihren Füßen spüren. Sie können den Duft der Blumen wahrnehmen und das Summen der Bienen und Zwitschern der Vögel hören. Mit Lupen können sie auch kleinere Tiere genauer beobachten.

Erstellen einer Themenecke:
Wählen Sie einen Bereich im Gruppenraum aus, den Sie passend zum Thema gestalten. Hier können Sie Bücher und Spiele zum Thema auslegen. Farbige Poster von Wiesenblumen und Wiesentieren regen die Kinder an, sich mit den Lebewesen auf der Wiese zu beschäftigen.
Auch Figuren von verschiedene Wiesentieren können Sie in dieser Ecke bereitlegen. Der Bereich sollte für die Kinder frei zugänglich sein, sodass sie in Freispielphasen Materialien selbstständig auswählen können. Auch die Ergebnisse und Bastelarbeiten der Kinder aus der Projektarbeit können rund um diesen Bereich ausgestellt werden.

Literaturtipps:

- Hans Baltzer, Christa Holtei: Die Wiese. Ein Zoom-Bilderbuch, Beltz & Gelberg Verlag, Weinheim 2019.
- Katharina Lotz: Mein erstes Natur-Wimmelbuch: Tiere auf der Wiese, Thienemann-Esslinger Verlag, Stuttgart 2022.
- Patricia Hegarty, Britta Teckentrup: Es summt und brummt in der WIESE, arsEdition, München 2022.
- Wolf Harranth: Da ist eine wunderschöne Wiese, Verlag Jungbrunnen, Wien 1985.

Internetadressen:

- *www.youtube.com/watch?v=-tkXkVrsLm0* (Lied „Grashalm, Grashalm (Auf der Wiese)“ von Lucia Rufs, Stephan Janetzko und Larissa und den Cool Kids)
- *www.youtube.com/watch?v=T4bDUWDFyqc* („Ich liege auf der Wiese“ (Kinder-Entspannungslied) von Stephan Janetzko)

Tipps und Anregungen zu den einzelnen Angeboten

Zu „Auf unsrer Wiese gehet was“, S. 14:
Die Kinder können passend zum Lied Storchenmasken basteln. Eine Vorlage finden Sie auf der folgenden Internetseite: *www.najuversum.de/weissstorch-maske/.* Sie können mit den Kindern ein Sachbuch über Störche lesen und die Bilder zeigen, zum Beispiel „Ein kleiner Storch wird groß“ von Friederun Reichenstetter, Arena Verlag, Würzburg 2022.

Zu „Wiesenmusik“, S. 15:
Wenn Sie verschiedene Gräser und Pflanzen zum Pfeifen ausprobieren, können Sie auch versuchen, diese zusammen mit den Kindern zu benennen. Dafür können Sie Naturführer, aber auch Internetseiten nutzen.

Zu „Löwenzahnkringel“, S. 20:
Der Löwenzahn kringelt sich, da die Zellen innerhalb des Stängels sich stark mit Wasser vollsaugen und dadurch größer werden, während die äußersten Zellen kaum Wasser aufnehmen.

Zu „Wiesendetektive“, S. 20:
Zur Bestimmung der Tiere eignen sich Naturführer für Kinder, zum Beispiel „Tier- und Pflanzenführer. Kindernaturführer: Über 250 Arten und Tierstimmen“ von Anita van Saan, Kosmos Verlag, Stuttgart 2017.

Zu „Eine Wildblumenwiese anlegen“, S. 21:
Die Anleitung enthält Bilder, sodass die Kinder die Wiese im Anschluss möglichst selbstständig anlegen können. In das untere Kästchen können sie ein Bild von der wilden Wiese malen.
Das Beet für die Wildblumenwiese sollte an einem sonnigen Ort angelegt werden. Die Erde sollte möglichst sandig sein. Wenn der Boden lehmig ist, kann das Saatgut vorher mit Sand vermischt werden. Der Boden sollte vor der Aussaat gelockert, aber nicht umgegraben werden, sodass die Bodenschichten intakt bleiben und die Bodenlebewesen nicht gestört werden. Als Blumenarten eignen sich insbesondere Margerite, Acker-Ringelblume, Kamille, Mohn, Kornblume, Wiesenklee und Wilde Möhre. Im Handel gibt es auch Saattütchen mit Wildblumenmischungen, die verwendet werden können.

Zu „Vom Löwenzahn zur Pusteblume“, S. 22:
Lesen Sie den Kindern ein Sachbuch vor, in dem die Entwicklung des Löwenzahns vom Samen zur Pusteblume beschrieben wird, zum Beispiel: „Was wird denn das? Spannende Verwandlungen von Tieren und Pflanzen“ von Svenja Ernsten, Kosmos Verlag, Stuttgart 2018.
Teilen Sie dann den Legekreis an die Kinder aus. Gehen Sie dabei mit ihnen die Schritte im Wachstum der Pflanze noch einmal durch: Der Löwenzahn entwickelt sich aus einem Flugsamen. Dieser keimt in der Erde. Zunächst kommen der Stängel und die Blätter zum Vorschein. Unter der Erde bildet sich eine lange Pfahlwurzel. Anschließend bildet sich am Stängel eine grüne Knospe. Die gelbe Blüte besteht aus vielen einzelnen gelben Blütenblättern. Diese werden auch Zungenblüten genannt. Wenn sie verblüht sind, erscheinen die weißen Flugsamen. Diese bestehen aus einem kleinen Samen und dem weißen Fallschirm. Die Blumen werden dann Pusteblume genannt.

Zu „Wiesenblumen anmalen“, S. 23:
Suchen Sie die abgebildeten Blumen gemeinsam mit den Kindern auf einer Wiese. Sie können den Kindern auch Bilder von diesen Wiesenblumen in einem Sachbuch zeigen, zum Beispiel „Was blüht denn da? Kindernaturführer: 85 heimische Blumen“ von Ursula Stichmann-Marny und Dr. Heike Herrmann, Kosmos Verlag, Stuttgart 2022.

Zu „Bildausschnitte suchen“, S. 24:
Lassen Sie die Kinder die Tiere und die Körperteile benennen. Die Bilder können in den passenden Farben angemalt werden.

Zu den Rezepten im Bereich „Gesundheit und Ernährung", ab S. 25:
Bitte achten Sie auf eventuelle **Allergien** oder **Lebensmittelunverträglichkeiten** bei den Kindern.
Sie selbst können am besten einschätzen, welche Schritte des Vorgangs von den Kindern mitgemacht oder komplett selbst gemacht werden können. Beziehen Sie die Kinder möglichst viel ein und lassen Sie sie auch bei den Dingen, die Sie allein machen, zuschauen und teilhaben.

Zu „Wiesentiere", S. 29:
Das Kind kann die Zahlen beim Verbinden laut benennen. Das Bild kann nach dem Verbinden noch angemalt werden.

Zu „Wiesengeräusche", S. 36:
Dieses Angebot ist natürlich eher für den Frühling und Sommer geeignet, da dann die meisten Tiere aktiv sind und es von der Temperatur her angenehmer ist.

Ideen für weitere Angebote zum Thema

- Das „Natur-Memo Wiese" vom Verlag Quelle & Meyer kann gespielt werden.
- Gemeinsam wird das Buch „… das verspreche ich dir" von KNISTER (minedition Verlag 2015) gelesen. In diesem Buch geht es um eine Freundschaft zwischen einem Murmeltier und einem Löwenzahn.
- Die Kinder bekommen die Aufgabe, einen Bilderrahmen aus vier kleinen Ästen auf der Wiese auszulegen. Dazu suchen sich die Kinder ein Detail (z. B. eine Blume) auf der Wiese, das ihnen besonders gut gefällt, und umranden es mit den Ästen.
- Mit Fingerfarben können die Kinder ein Wiesenbild an einer Fensterscheibe im Gruppenraum gestalten.
- Die Kinder können Blumenketten basteln. Dazu sammeln sie Blumen (z. B. Gänseblümchen) mit langen Stängeln. In die Stängel werden mit dem Fingernagel Schlitze gemacht. Durch den Schlitz wird jeweils eine weitere Blume gefädelt.
- Wiesentiere (Schmetterling, Schnecke, Frosch, Storch) können pantomimisch dargestellt werden. Die anderen Kinder müssen das Tier erraten.
- Das Buch „Die kleine Hummel Bommel entdeckt die Wiese: Das Natur-Sachbilderbuch" von Britta Sabbag (ars Edition 2019) kann vorgelesen und die Bilder gemeinsam betrachtet werden.

Fingerspiel „Aus der Erde wächst das Gras“ (ab 2 Jahren)

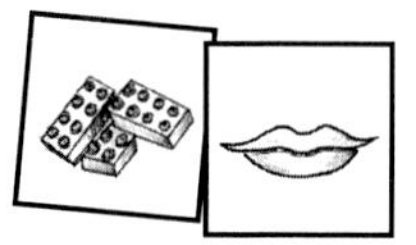

Arbeitsanleitung:
Dieses Fingerspiel eignet sich gut als Einstieg, da der Text einfach ist.
Sprechen sie den Kindern das Fingerspiel zunächst vor und zeigen Sie die passenden Bewegungen.
Danach sprechen die Kinder mit und machen die Bewegungen nach.

Text: Volksgut

Aus der Erde wächst das Gras,	*Die Kinder zeigen mit den Fingern der rechten Hand nach oben und bewegen sie leicht.*
Regen macht es pitschenass.	*Die Kinder halten die Finger der linken Hand darüber und wackeln mit ihnen hin und her.*
Kommt der liebe Sonnenschein,	*Die Kinder spreizen die Finger der linken Hand.*
lockt hervor ein Blümelein.	*Die Kinder legen die Fingerspitzen der rechten Hand aneinander.*
Bald schon springt die Knospe auf,	*Die Kinder öffnen die Fingerspitzen der rechten Hand.*
setzt ein Schmetterling sich drauf.	*Die Kinder flattern mit den Fingern der linken Hand und legen sie auf die Fingerspitzen der rechten Hand.*
Beide wiegen sich im Wind,	*Die Kinder wiegen beide Hände hin und her.*
Falter flattert fort geschwind.	*Die Kinder flattern mit der linken Hand davon.*
Nun ist das Blümelein allein,	*Die Kinder zeigen noch mit den Fingerspitzen der geöffneten rechten Hand nach oben.*
ruhig schläft es wieder ein.	*Die Kinder schließen die Fingerspitzen der rechten Hand wieder.*

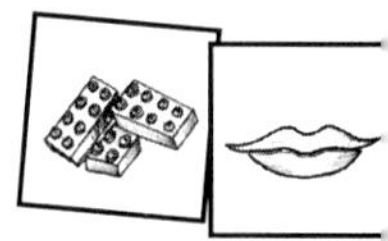

Bienchen, Bienchen, summm herum (ab 2 Jahren)

Arbeitsanleitung:
Tragen Sie den Kindern das Gedicht langsam vor. Danach sprechen die Kinder es mit.

Text: Volksgut

Bienchen, Bienchen, summ summ summ,
um die Blumen summ herum!
Tauch hinein dein Köpfchen,
hol die Nektartröpfchen,
flieg zurück zum Bienenhaus,
mach uns süßen Honig draus.

Tipp:
Bestreichen Sie Brote mit Honig und schneiden Sie diese in kleine Stückchen, sodass die Kinder Honig probieren können.
Die Kinder haben auch sicher Spaß daran, das Gedicht mitzuspielen. Dazu flattern sie mit den Armen und laufen zum Beispiel zu ihren Blumen aus Papptellern (s. S. 16) und nehmen darauf liegende kleine Gegenstände als Nektartröpfchen mit. Diese bringen sie dann zu Ihnen in den Kreis zurück und erhalten dafür ein Stück vom Honigbrötchen.

Fingerspiel „Pusteblume“ (ab 2 Jahren)

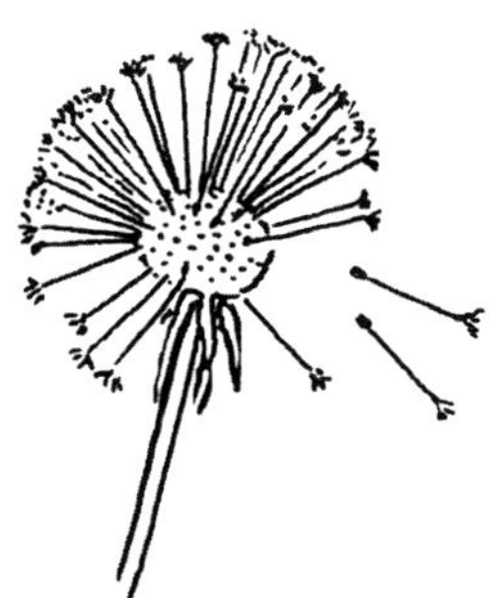

Arbeitsanleitung:
Sprechen Sie den Kindern das Fingerspiel zunächst vor und zeigen Sie die passenden Bewegungen. Danach sprechen die Kinder mit und machen die Bewegungen nach.

Text: Volksgut

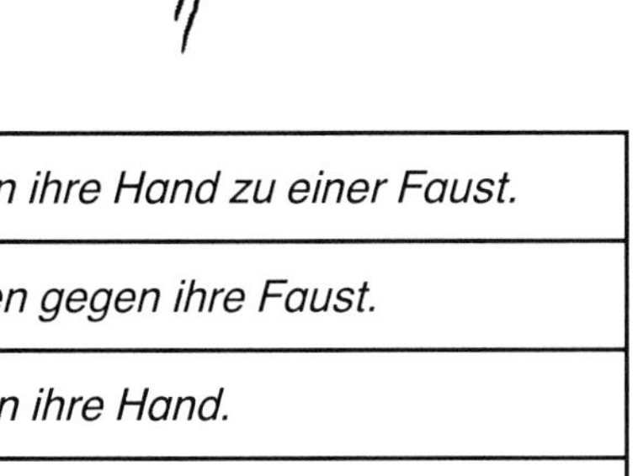

Pusteblume auf der Wiese,	*Die Kinder ballen ihre Hand zu einer Faust.*
puste, puste kleine Liese,	*Die Kinder pusten gegen ihre Faust.*
dass die weißen Stängel fliegen,	*Die Kinder öffnen ihre Hand.*
sich im blauen Himmel wiegen.	*Die Kinder wackeln mit ihren Fingern.*

Tipp:
Lassen Sie die Kinder auf der Wiese Pusteblumen pusten und beobachten, wie die Samen fliegen.

BVK • Svenja Ernsten: Kita aktiv „Projektmappe Wiese“

Geschichte „Die Wiese muss weg“ (ab 3 Jahren)

Material:
Bildkarten „Die Wiese muss weg“ (s. S. 10), 1 Schere, ggf. Buntstifte, ggf. 1 Laminiergerät und -folie, Geschichte (s. u.)

Vorbereitung:
Kopieren Sie die Bildkarten (hoch) und schneiden Sie sie aus. Malen Sie diese auch gerne mit den Kindern zusammen an und laminieren Sie ggf. die Karten zur besseren Haltbarkeit.

Arbeitsanleitung:
Setzen Sie sich mit den Kindern in einen Sitzkreis. Lesen Sie die Geschichte vor und zeigen Sie die Bildkarten dazu. Anschließend legen Sie die Karten durcheinander in die Mitte des Sitzkreises und fordern die Kinder auf, die Bildkarten in die richtige Reihenfolge zu bringen, während Sie parallel die Geschichte noch einmal vorlesen.

Geschichte:

Es war einmal eine wunderschöne Wiese. Dort wuchsen viele bunte Blumen und dort lebten viele verschieden Tiere: Bienen und Schmetterlinge flogen durch die Luft, durch das Gras krabbelten Käfer und Spinnen. Unter der Erde war das Zuhause des Maulwurfs und unzähliger Regenwürmer. Kinder rannten lachend über die Wiese und beobachteten die kleinen Insekten.
Eines Tages wurde die Wiese mit einem großen Zaun abgesperrt. Einige Bauarbeiter hängten ein Schild auf. Darauf stand: „Betreten verboten!“
Ein paar Tage später fuhr ein großer Bagger auf die Wiese. Er grub den Boden um und schaufelte die Erde auf einen hohen Haufen. Die Tiere flüchteten. Der Bagger hob ein riesiges Loch aus. Von der Wiese war nicht mehr viel zu sehen. Große Fahrzeuge brachten Beton und füllten die Grube damit. Ein Laster brachte Steine. An der Stelle, wo vorher die Wiese war, wurde ein Haus gebaut.
Als das Haus fertig war, kam ein Umzugslaster und eine Familie zog ein. Ein paar Wochen später waren die beiden Kinder und die Eltern im Garten. Der Vater hatte schon eine Hecke gepflanzt und die Mutter pflanzte einen kleinen Apfelbaum ein. Die Kinder hatten Samentüten in der Hand und verteilten Samen auf die Erde. Nach und nach wuchsen dort Gras und bunte Blumen. Die Tiere kehrten zurück. Es summte und brummte wieder.

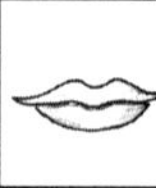

Bildkarten „Die Wiese muss weg“

Bildkarten „Reimwörter“

Wiesenreime (ab 4 Jahren)

Material:
Bildkarten „Reimwörter“ (s. S. 11), ggf. Buntstifte, 1 Schere, ggf. 1 Laminiergerät und -folie

Vorbereitung:
Schneiden Sie die Bildkarten aus. Die Bilder können vorab angemalt und zur besseren Haltbarkeit laminiert werden.

Arbeitsanleitung:
Legen Sie die Bildkarten in die Mitte des Sitzkreises. Zeigen Sie auf die Karte mit dem Bild der Wiese und stellen Sie die Frage: „Was reimt sich auf Wiese?“ Ein Kind nennt das Wort „Riese“ und zeigt auf die Bildkarte mit dem Riesen. Die beiden Bildkarten werden nebeneinander hingelegt. Die Kinder finden weitere Reimpaare (Igel – Spiegel, Hase – Vase, Biene – Schiene, Wurm – Turm, Löwenzahn – Achterbahn). Die Kinder können auch Sätze mit den Reimwörtern erfinden. Sie können ein Beispiel vorgeben: „Der Riese schläft auf der Wiese“.

Schmetterling, du kleines Ding (ab 2 Jahren)

Arbeitsanleitung:
Die Kinder sitzen oder stehen im Kreis. Ein Kind befindet sich in der Kreismitte. Singen Sie gemeinsam das Lied. Das Kind in der Mitte ist der Schmetterling und sucht ein anderes Kind aus, mit dem es zusammen tanzt. Beginnt das Lied von vorne, geht das erste Kind in den Kreis und das zweite Kind bleibt in der Mitte und sucht sich ein neues Kind zum Mittanzen aus. Singen Sie so lange, bis jedes Kind, das möchte, einmal in der Mitte getanzt hat.

Melodie und Text: Volksgut

BVK • Svenja Ernsten: Kita aktiv „Projektmappe Wiese“

Auf der grünen Wiese steht ein Karussell (ab 2 Jahren)

Arbeitsanleitung:
Die Kinder stellen sich im Kreis auf und halten sich an den Händen fest. Singen Sie gemeinsam das Lied. Die Kinder laufen zunächst langsam und dann immer schneller im Kreis. Bei „Anhalten!" halten sie an. Anschließend laufen die Kinder wieder im Kreis und lassen sich am Ende des Liedes auf den Boden fallen.

Melodie und Text: Volksgut

Variante für ältere Kinder:
Auch „Einsteigen!" und „Die Türen schließen!" kann pantomimisch dargestellt werden. Auf „Paff!" klatschen die Kinder dann einmal in die Hände.

Auf der grü - nen Wie - se steht ein Ka - rus - sell.

Manch - mal dreht es lang - sam, manch - mal dreht es schnell.

An - hal - ten! Ein - stei - gen! Die Tü - ren schlie - ßen! Paff!

Al - le Kin - der dreh'n sich, dreh'n im Kreis her - um, al - le Kin - der

dreh'n sich, dreh'n im Kreis her - um, um und fal - len um. Bumm!

Auf unsrer Wiese gehet was (ab 2 Jahren)

Arbeitsanleitung:
Die Kinder staksen mit den Füßen durch den Raum. Mit den Händen formen sie einen Schnabel und tun so, als ob sie diesen öffnen und schließen.

Melodie: traditionell, **Text:** Heinrich Hoffman von Fallersleben

Wiesenmusik (ab 3 Jahren)

Material:
ein harter Grashalm

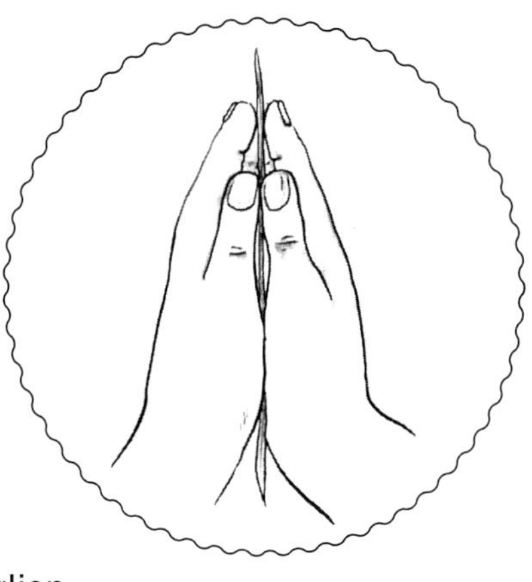

Arbeitsanleitung:
Gehen Sie mit den Kindern spazieren oder auf das Außengelände der Kita. Jedes Kind sucht sich einen Grashalm aus und zupft ihn ab. Führen Sie den Kindern vor, wie sie mit diesem Grashalm einen Ton erzeugen können, bevor die Kinder es selbst probieren:
Der Grashalm wird längs zwischen beide Daumen gespannt. Zwischen den Daumen wird ein kleiner Spalt freigelassen. In diesen Spalt wird hineingepustet. Mit etwas Übung entsteht ein Pfeifen.
Lassen Sie die Kinder gerne testen, ob unterschiedliche Grashalme oder Blätter auch unterschiedliche Töne hervorbringen.
Vielleicht fallen den Kindern noch andere Arten ein, wie man mit Naturmaterialien auf der Wiese Musik machen kann.

Klangleiter (ab 3 Jahren)

Material:
7 Stöcke pro Klangleiter (z. B. von der Forsythie oder Haselnuss), 1 Säge, Schnur, 1 Schere

Arbeitsanleitung:
Suchen Sie pro Klangleiter sechs Stöcke mit unterschiedlicher Länge aus oder schneiden Sie sie zurecht.
Die sechs Stöcke werden der Länge nach (beginnend mit dem längsten Stock) mit Hilfe der Schnur an der linken und rechten Seite aneinandergeknotet, sodass sie stabil halten. Lassen Sie dabei jeweils oben etwas Schnur frei. Verknoten Sie die Schnur über und unter jedem Ast, damit diese nicht verrutschen können. Lassen Sie etwas Platz zwischen den Stöcken. Knoten Sie zuletzt die Schnuranfänge oben zu einer Schlaufe zusammen, damit die Klangleiter aufgehangen oder gehalten werden kann.
Mit dem zusätzlichen Ast wird die Klangleiter nun angeschlagen.

Wie klingen die unterschiedlich langen Stöcke?

Tipp:
Wenn einige Kindern noch mit Grashalmen pfeifen (s. S. 15), kann ein kleines Wiesenkonzert gegeben werden.

Blumen aus Papptellern (ab 2 Jahren)

Material:
1 weißer Pappteller pro Kind, Wasserfarben, Pinsel, Scheren, Kleber, grüner Tonkarton

Arbeitsanleitung:

1. Die Kinder malen mit dem Pinsel den weißen Pappteller mit Wasserfarben an. Für den äußeren Rand wird eine andere Farbe verwendet, dieser stellt später die Blütenblätter dar.
2. Nach dem Trocknen schneiden die Kinder den Pappteller am Rand ein, sodass Blütenblätter entstehen.
3. Aus grünem Tonpapier schneiden die Kinder einen Stängel und Blätter aus.
4. Die Blätter werden von hinten an den Stängel geklebt.
5. Die Kinder kleben den Stängel unten an den Pappteller.

Fertig ist die bunte Blumenpracht!

Tipp:
Die Blumen können an die Fenster im Gruppenraum geklebt werden. So entsteht eine bunte Blumenwiese.

Schmetterling aus Seidenpapier (ab 2 Jahren)

Material:
2 Stück Seidenpapier (14 cm x 14 cm) pro Kind (z. B. mit Punkten und einfarbig), Schnur, 1 Schere, 1 Wäscheklammer pro Kind, schwarze Filzstifte, Pfeifenreiniger, 2 Perlen pro Kind, 1 Heißklebepistole und Heißkleber

Arbeitsanleitung:

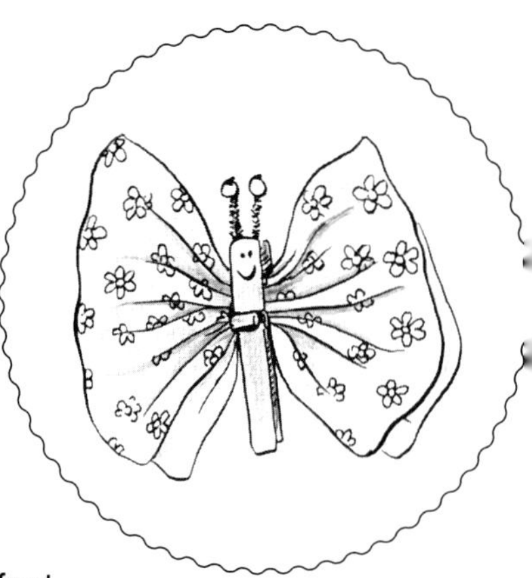

1. Die Kinder knüllen das Seidenpapier zusammen und falten es wieder auseinander.
2. Sie legen die Seidenpapiere übereinander und drücken sie mit dem Daumen und dem Zeigefinger in der Mitte zusammen. Diese Stelle wird mit einem Stück Schnur festgeknotet, sodass zwei Flügel entstehen. Dort wird auch die Wäscheklammer befestigt.
3. Mit dem schwarzen Filzstift malen die Kinder ein Gesicht auf die Klammer.
4. Die Kinder schneiden vom Pfeifenreiniger zwei kurze Stücke ab und stecken je eine Perle an die Enden. Befestigen Sie diese mit Heißkleber.
5. Kleben Sie die Pfeifenreiniger mit Heißkleber oben an der Klammer als Fühler fest.

Tipp:
Mit Hilfe der Klammern können die Schmetterlinge an Ästen im Gruppenraum befestigt werden.

Blütenbilderrahmen (ab 3 Jahren)

Material:
Blumen und Blätter, Zeitungspapier, schwere Bücher, (ggf. 1 Blumenpresse), Klebefolie, 8 Eisstäbchen pro Rahmen, 1 Heißklebepistole und Heißkleber

Vorbereitung:
Sammeln Sie zusammen mit den Kinder Blumen und Blätter. Diese werden zwischen mehrere Lagen Zeitungspapier gelegt. Auf die Zeitungen werden mehrere schwere Bücher gelegt. Alternativ kann auch eine Blumenpresse genutzt werden. So werden die Blumen etwa zwei Wochen gepresst. Die Klebefolie wird in Quadrate geschnitten.

Arbeitsanleitung:
1. Ziehen Sie das Papier von einem Folienquadrat ab.
2. Die Kinder legen die gepressten Blumen und Blätter vorsichtig auf die Klebefolie. Ein weiteres Stück Klebefolie wird von oben auf die Blumen und Blätter geklebt.
3. Kleben Sie auf den Rand der Klebefolie mit Heißkleber jeweils vier Eisstäbchen auf die obere Seite sowie vier Eisstäbchen auf die untere Seite. So entsteht ein Bilderrahmen.

Tipp:
Besonders Blumen, die wenig Feuchtigkeit enthalten, eignen sich zum Pressen.
Hierzu gehören: Mohn, Margeriten, Gänseblümchen, Kornblumen, Veilchen.

3-Gewinnt-Spiel aus Steinen (ab 4 Jahren)

Material:
10 etwa gleichgroße Steine pro Spiel, Acrylfarben, Pinsel, 1 Baumscheibe pro Spiel (alternativ ein festes Blatt Papier), ggf. Klarlack

Arbeitsanleitung:
1. Die Kinder malen auf jeweils fünf Steine einen Kreis und auf jeweils fünf Steine ein Kreuz. Wenn die Kinder mögen, können sie sich auch andere Motive für die Steine ausdenken, wie Blumen oder Käfer. Die Spielsteine der beiden Seiten sollten sich aber gut unterscheiden lassen.
2. Die Kinder malen auf die Baumscheibe mit der Acrylfarbe vier Striche, zwei waagerecht und zwei senkrecht, sodass neun Felder entstehen.
3. Versiegeln Sie die Spielsteine und das Spielfeld ggf. mit Klarlack, damit die Farben länger erhalten bleiben.

Spielanleitung:
Die Kinder legen abwechselnd einen Stein in eines der Felder auf der Baumscheibe.
Wer zuerst drei seiner Steine in einer Reihe (waagerecht, senkrecht oder diagonal) liegen hat, hat gewonnen.

Schnappfrosch (ab 4 Jahren)

Material:
Kopiervorlage „Froschbeine" (s. u.), Bleistifte, ggf. fester Karton, Scheren, 1 Toilettenpapierrolle pro Kind, grüne und rote Acrylfarbe, Pinsel, 1 Tacker, grüner Tonkarton, Wackelaugen (selbstklebend), roter Wollfaden, 1 Holzperle pro Kind, 1 Heißklebepistole und Heißkleber

Vorbereitung:
Schneiden Sie die Kopiervorlage aus. Übertrage Sie diese ggf. mehrfach auf festen Tonkarton und schneiden Sie sie aus, um stabile Vorlagen für die Kinder zu erstellen.

Arbeitsanleitung:
1. Die Kinder bemalen die Toilettenpapierrolle außen mit der grünen Farbe. Innen malen sie die Rolle mit roter Farbe an.
2. Nachdem die Farbe getrocknet ist, wird die Papprolle unten zugetackert.
3. Die Kinder übertragen die Vorlage für die Hinterbeine und die Vorderbeine jeweils zweimal auf grünen Tonkarton und schneiden sie aus.
4. Die Froschbeine werden mit Kleber unten am Froschkörper befestigt. Die Hinter- und Vorderbeine zeigen dabei jeweils weg vom Froschkörper.
5. Die Kinder kleben die Wackelaugen vorne auf die Papprolle.
6. Sie schneiden einen etwa 30 cm langen Wollfaden ab. Sie fädeln die Holzperle am Ende des Fadens auf und knoten sie fest.
7. Kleben Sie das andere Ende des Fadens mit Heißkleber in der Papprolle fest.

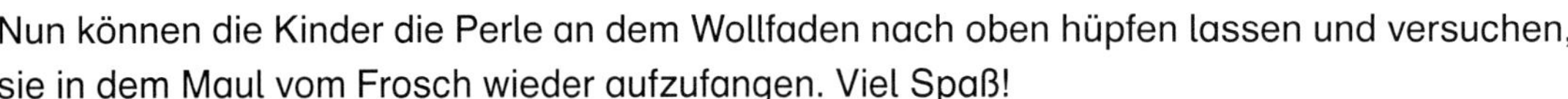

Nun können die Kinder die Perle an dem Wollfaden nach oben hüpfen lassen und versuchen, sie in dem Maul vom Frosch wieder aufzufangen. Viel Spaß!

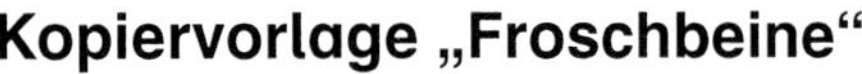

Kopiervorlage „Froschbeine"

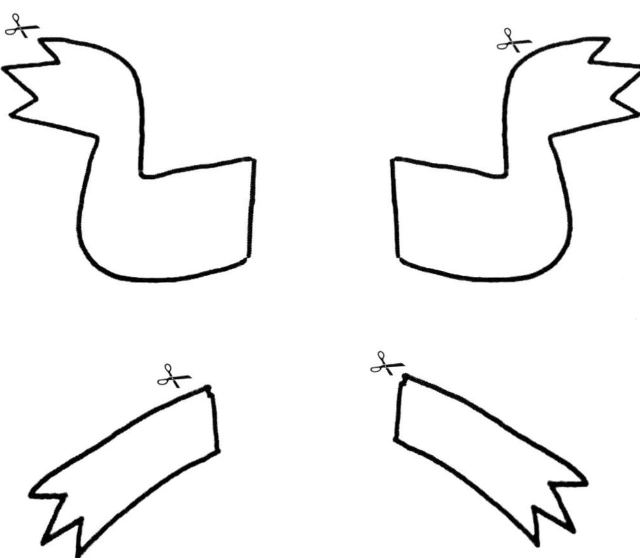

Wiesen-Traumfänger aus Ästen (ab 4 Jahren)

Material:
3 Äste pro Kind, grüne Schnur, Scheren, Perlen, ggf. Acrylfarben und Pinsel, grüne Bänder und Wollfäden, Federn, ggf. Seidenpapier

Arbeitsanleitung:

1. Helfen Sie den Kindern dabei, jeweils drei Äste mit der Schnur zu einem Dreieck zusammenzubinden.

2. Die Kinder wickeln die Schnur nun von einem Ast zum anderen, sodass ein Netz im Inneren des Dreiecks entsteht. Dabei können Perlen als kleine Blüten aufgefädelt werden. Vorab können einige der Perlen auch als Käfer bemalt werden. Die Kinder malen sie zum Beispiel rot an und versehen sie mit schwarzen Punkten, so entstehen kleine Marienkäfer.

3. Verknoten Sie das Ende der Schnur anschließend gut.

4. Die Kinder knoten an den unteren Ast weitere Schnüre, Bänder und Wollfäden als Gras. An diesen können ebenfalls Perlen und auch Federn befestigt werden.

5. Die Kinder können kleine Rechtecke oder längliche Ovale vom Seidenpapier abschneiden. Diese könne sie um die Fäden, Bänder oder Schnüre knoten und die Seiten zu Flügeln auffächern. So erhält die Wiese noch Schmetterlinge oder andere Fluginsekten.

6. Befestigen Sie an der oberen Spitze des Dreiecks noch eine Schnur zum Aufhängen.

Fertig ist die traumhafte Wiese zum Aufhängen!

Tipp:
Werden Sie dabei gerne mit den Kindern zusammen kreativ und ergänzen Sie weitere Dekorationen. Vielleicht lässt sich noch eine kleine gebastelte Spinne auf die Traumfänger-Wiese setzen oder verlassene Schneckenhäuser mit auffädeln?

Löwenzahnkringel (ab 3 Jahren)

Material:
Löwenzahnblumen, Messer, Brett, Schale mit Wasser

Vorbereitung:
Sammeln Sie gemeinsam mit den Kindern Löwenzahnblumen.
Legen Sie die Materialien bereit.

Arbeitsanleitung:
1. Die Kinder schneiden die Stängel der Blumen unten mit einem Messer ein. Dabei können Sie helfen.
2. Die Kinder legen die Blumen in die Schale mit Wasser. Sie beobachten genau, was passiert.
3. Erklären Sie den Kindern anschließend, warum sich die Löwenzahnstängel kringeln.

Tipp:
Die Löwenzahnkringel können im Anschluss noch getrocknet und zum Basteln genutzt werden.
Es können zum Beispiel Schafe auf einer Wiese aufgemalt und die Kringel als Wolle aufgeklebt werden.

Wiesendetektive (ab 3 Jahren)

Material:
Blätter einer Pflanze, Becherlupen, ggf. Naturführer

Arbeitsanleitung:
Die Kinder suchen auf einer Wiese nach kleinen Tieren (z. B. Ameise, Marienkäfer, Schnecke, Spinne …). Sie lassen ein Tier auf ein Blatt krabbeln und legen es vorsichtig mit dem Blatt unten in die Becherlupe. Die Kinder verschließen dann die Becherlupe mit dem Deckel. Durch die Lupe können die Kinder das Tier vergrößert betrachten und beobachten. Nehmen Sie am besten einen Naturführer mit, um die Tiere mit den Kindern zusammen darin zu suchen und zu benennen.
Nach der Beobachtung wird das Tier wieder dort freigelassen, wo es eingefangen wurde.

Tipp:
Die Kinder können Fotos oder Zeichnungen der Wiesentiere machen und daraus ein eigenes Wiesenlexikon basteln, das in der Themenecke bereitgelegt wird.

Eine Wildblumenwiese anlegen (ab 3 Jahren)

1

2

3

4

So sieht unsere wilde Wiese aus:

Vom Löwenzahn zur Pusteblume (ab 4 Jahren)

Schneide die Teile aus.
Setze sie in der richtigen Reihenfolge wieder zusammen.

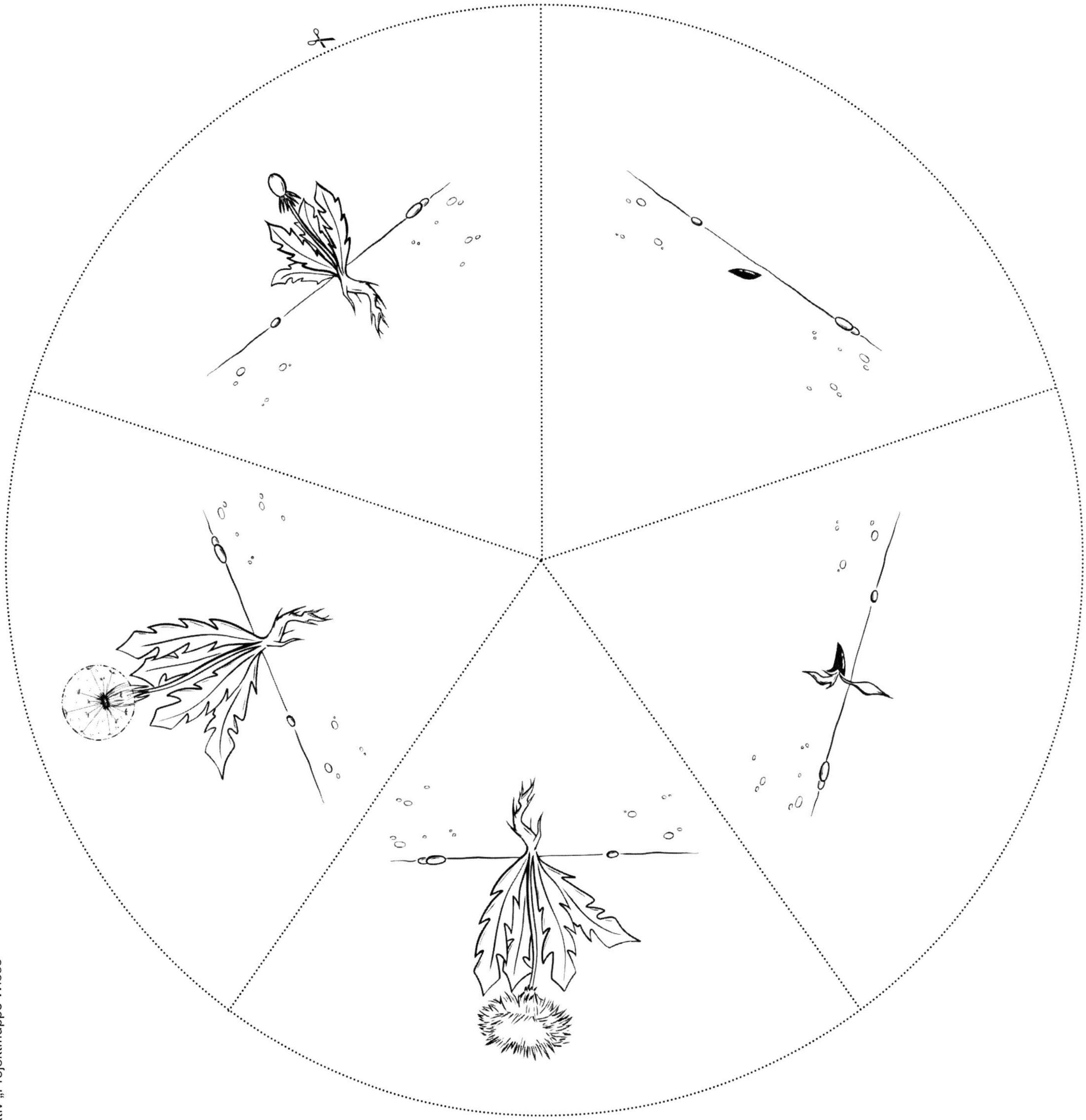

Wiesenblumen anmalen (ab 4 Jahren)

Male richtig aus.

Bildausschnitte suchen (ab 4 Jahren)

Zu welchem Tier gehört der Ausschnitt?

✎ Verbinde richtig.

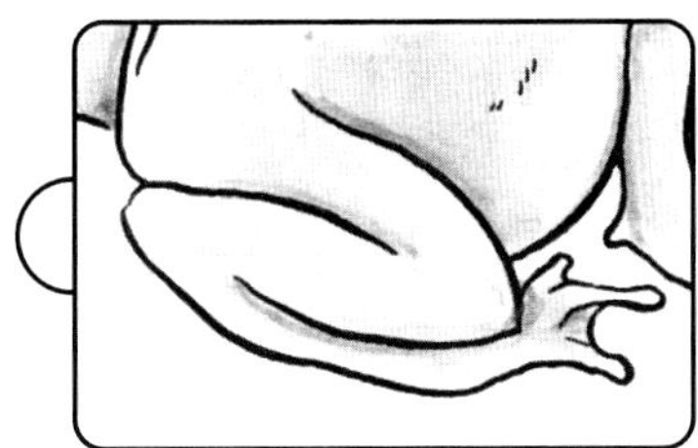

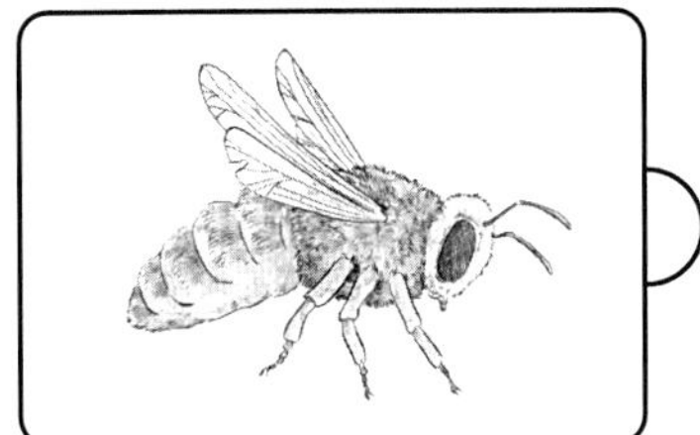

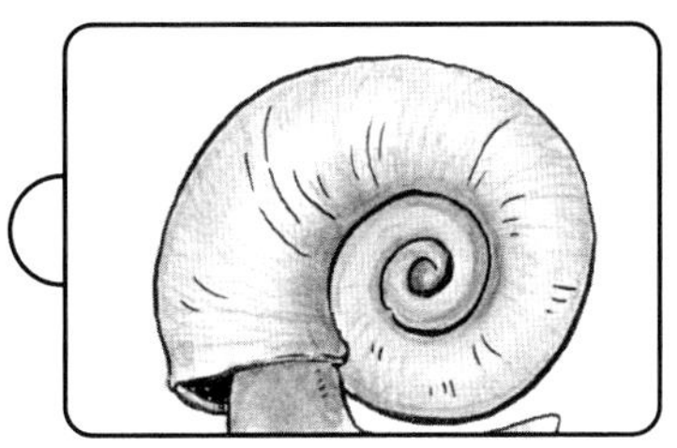

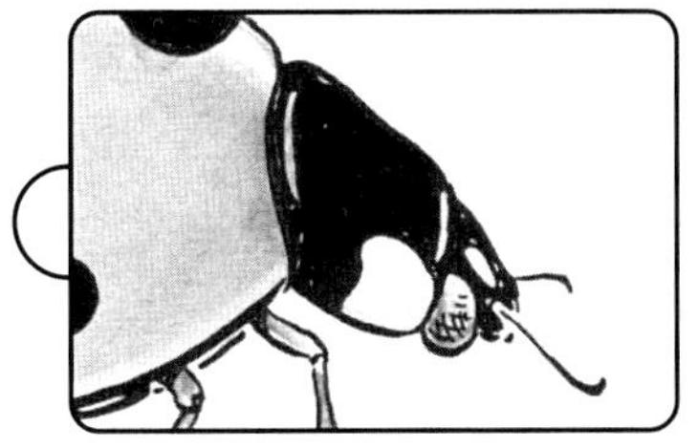

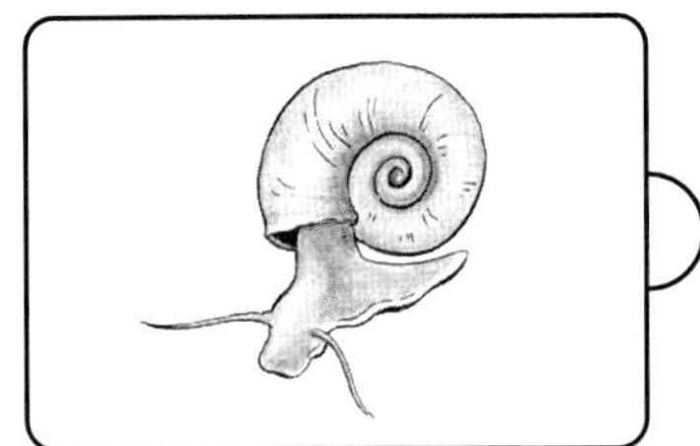

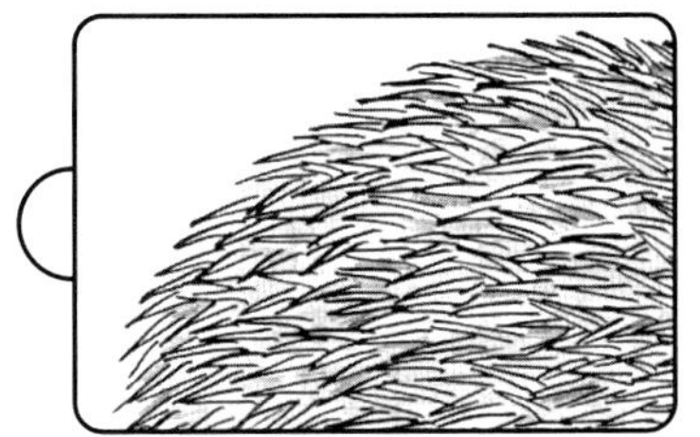

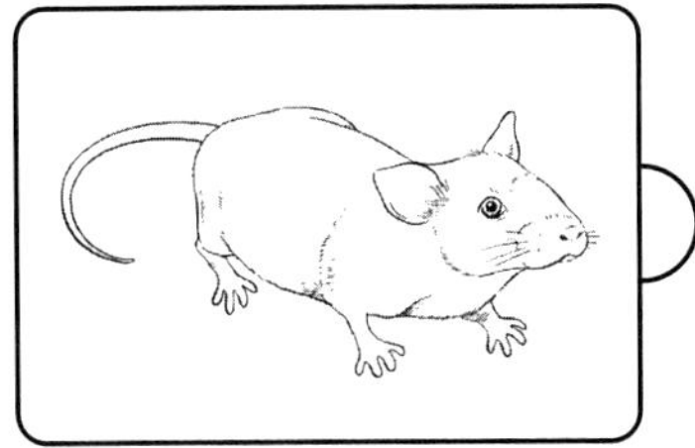

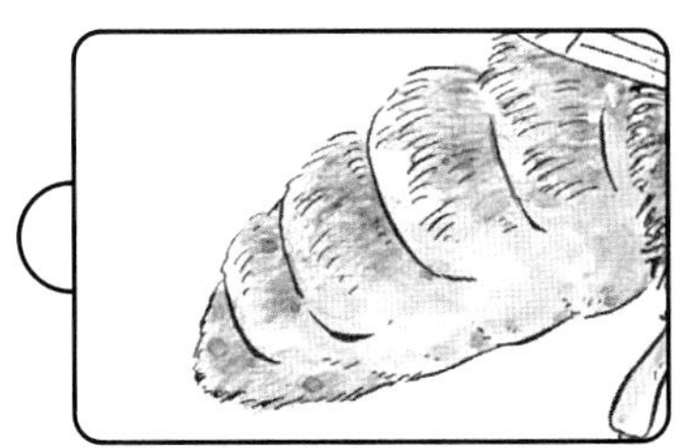

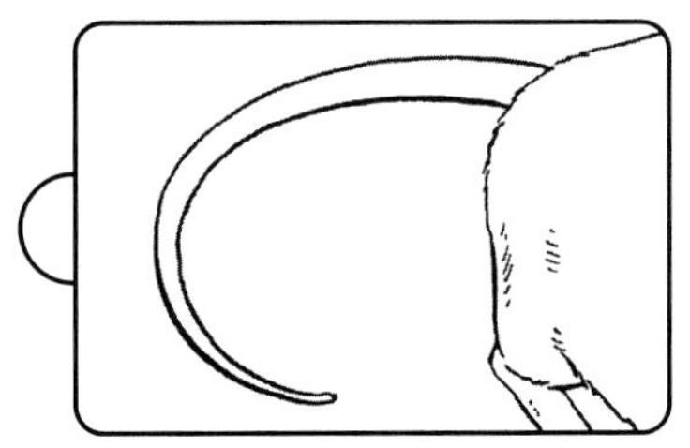

Löwenzahnhonig (ab 2 Jahren)

Zutaten:
200 g Löwenzahnblüten, 1 (unbehandelte) Orange, 1 L Wasser, 1 kg brauner Zucker

Arbeitsmittel:
Kopiervorlage „Etikett“ (s. u.), Buntstifte, Scheren, Kleber, Gläser, 1 Messer, 1 Brett, 1 Herd, 1 Topf, 1 Sieb, 1 Schüssel, 1 Kochlöffel

Vorbereitung:
Kopieren Sie das Etikett entsprechend oft. Die Kinder malen das Etikett an und schneiden es aus. Die Etiketten werden um die bereitgestellten Gläser für den Löwenzahnhonig geklebt.

Zubereitung:
1. Die Blütenblätter werden von den Stängeln abgetrennt.

2. Die Orange wird in Scheiben geschnitten und zusammen mit den Blütenblättern und dem Wasser gekocht. Die Flüssigkeit wird über Nacht stehen gelassen.

3. Am nächsten Tag wird der Sud durch ein Sieb in die Schüssel gegossen und die Flüssigkeit wieder in den Topf gefüllt.

4. Der Zucker wird mit einem Kochlöffel in die Flüssigkeit eingerührt und alles wird zum Kochen gebracht.

5. Wenn die Mischung zähflüssig ist, wird sie in Gläser gefüllt.

Fertig ist der leckere Blütenhonig!

Kopiervorlage „Etikett“

Kamillenlimonade (ab 2 Jahren)

Zutaten:
etwa 4 Zitronen, 1 Liter Wasser, 350 g braunen Zucker, 10 EL getrocknete Kamillenblüten, Eiswürfel, 1,5 Liter gekühltes Mineralwasser

Arbeitsmittel:
1 Schäler, 1 Messer, 1 Brett, 1 Zitronenpresse, 1 Topf, 1 Herd, 1 Sieb, 1 Schale, 1 Kochlöffel, Gläser

Zubereitung:
1. Drei Zitronen werden geschält und ausgepresst, sodass etwa 200 ml Zitronensaft entsteht.
2. Das Wasser wird in einen Topf gegeben. Die Zitronenschalen, der Zucker und die Kamillenblüten werden hinzugegeben.
3. Das Wasser wird erhitzt und das Ganze 10 Minuten ziehen gelassen.
4. Der Inhalt des Topfes wird durch ein Sieb gegossen. In einer Schale wird der Kamillensirup aufgefangen.
5. Der Kamillensirup wird mit dem Zitronensaft gemischt.
6. Die Flüssigkeit wird nach dem Abkühlen in Gläser gefüllt.
7. Die Eiswürfel werden hinzugegeben und mit dem Mineralwasser aufgefüllt.
8. Die übrige Zitrone wird in Scheiben geschnitten.
9. Die Gläser werden jeweils mit einer Zitronenscheibe dekoriert.

Nun kann die erfrischende Limonade genossen werden!

Blumenkekse (ab 2 Jahren)

Zutaten:
400 g Mehl, 2 TL Backpulver, 150 g Margarine, 150 g Zucker, 2 Päckchen Vanillezucker, 2 Eier, 150 g Puderzucker, 1 TL Wasser, Schokolinsen

Arbeitsmittel:
1 Waage, 1 Schüssel, 1 Esslöffel, 1 Handrührgerät mit Knethaken, Frischhaltefolie, 1 Kühlschrank, 1 Teigrolle, Blumen-Ausstechformen, Gabeln, 1 Backblech mit Backpapier, 1 Backofen, 1 Teelöffel, 1 Schale

Zubereitung:

1. Das Mehl wird abgewogen und in die Schüssel gegeben. Es wird mit dem Backpulver vermischt.

2. Die Margarine, der Zucker, der Vanillezucker und die Eier werden dazugegeben.

3. Die Zutaten werden zunächst mit dem Knethaken und anschließend noch mit den Händen gut durchgeknetet.

4. Mit den Händen wird eine Kugel aus dem Teig geformt. Diese wird in Frischhaltefolie eingewickelt und ungefähr eine halbe Stunde in den Kühlschrank gelegt.

5. Der Ofen wird auf 175 Grad Ober-/Unterhitze vorgeheizt. Währenddessen wird der Teig auf einer Arbeitsfläche ausgerollt. Mit den Blumen-Ausstechfomen werden die Plätzchen ausgestochen.

6. In die Blütenblätter werden die Zinken einer Gabel hineingedrückt.

7. Die Plätzchen werden auf ein Backblech mit Backpapier gelegt und ungefähr 20 Minuten im Backofen gebacken. Danach die Plätzchen abkühlen lassen.

8. Aus dem Puderzucker und Wasser wird in einer Schale ein Zuckerguss angerührt.

9. Nach dem Abkühlen wird mit dem Zuckerguss jeweils eine Schokolinse in der Mitte des Plätzchens befestigt.

Glutenfreie Variante:
Das Mehl kann durch glutenfreies Mehl ersetzt werden. Auch bei den Schokolinsen sollte auf eine glutenfreie Marke geachtet werden. Infos hierzu gibt es zum Beispiel unter: *www.codecheck.info*

Wie viele Tiere sind es? (ab 4 Jahren)

Zähle die Tiere auf der Wiese.

Trage ein.

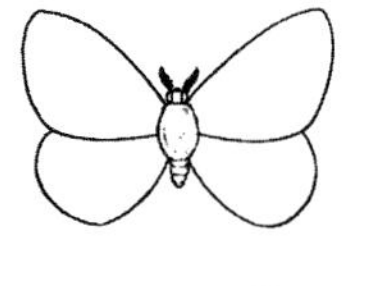

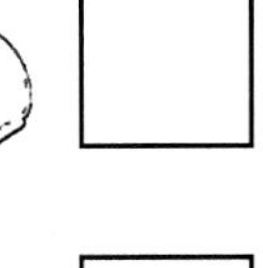

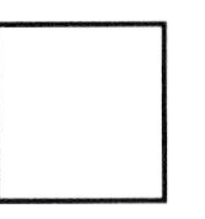

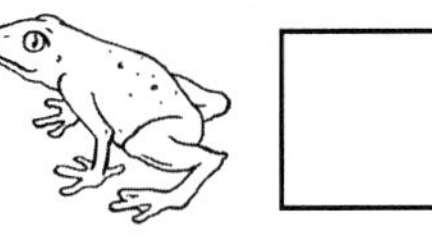

BVK • Svenja Ernsten: Kita aktiv „Projektmappe Wiese“

Wiesentiere **(ab 4 Jahren)**

Verbinde richtig.

Marienkäfer (ab 5 Jahre)

Male den Marienkäfern die fehlenden Punkte auf.

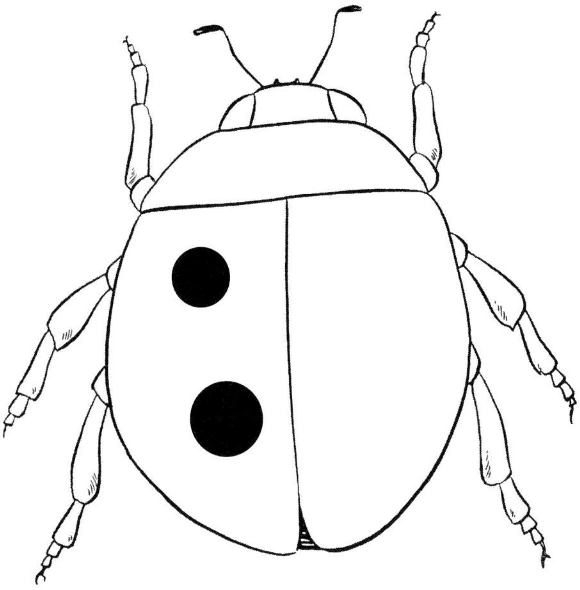

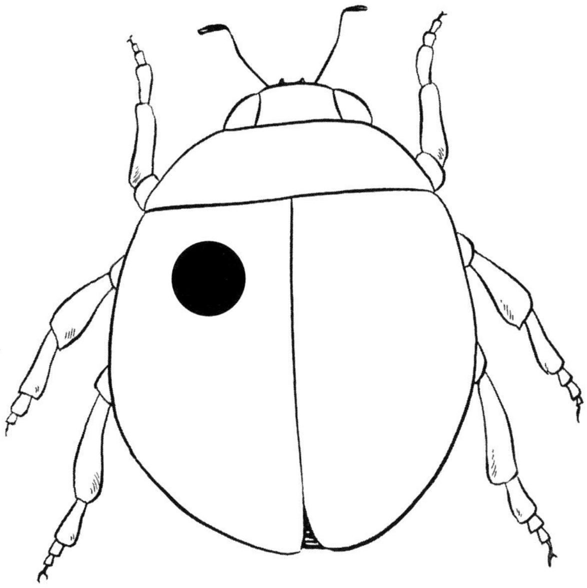

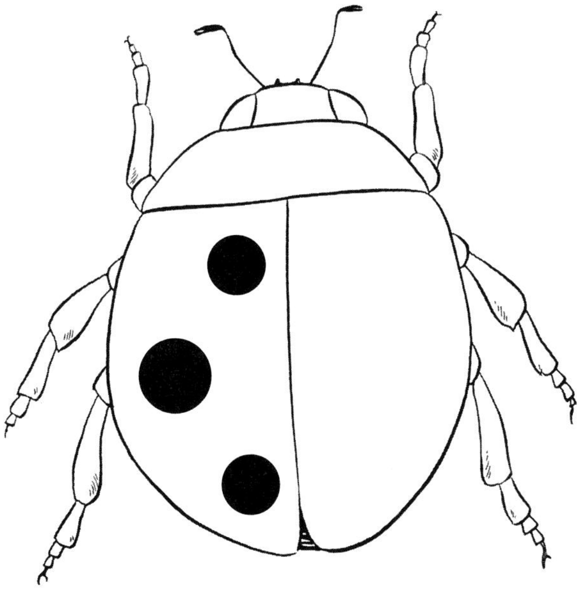

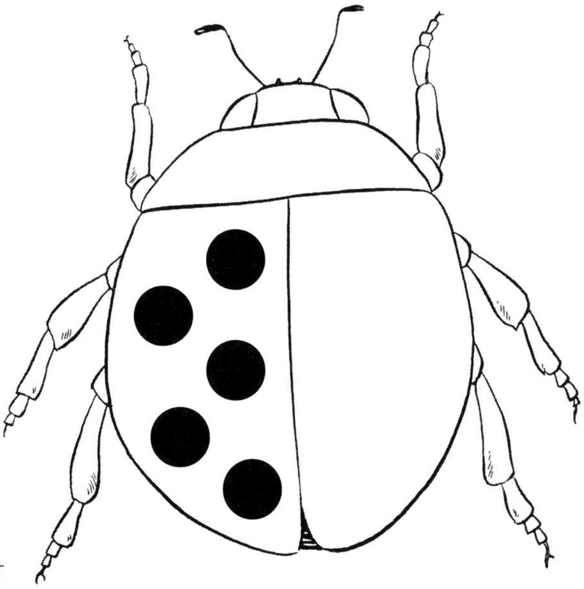

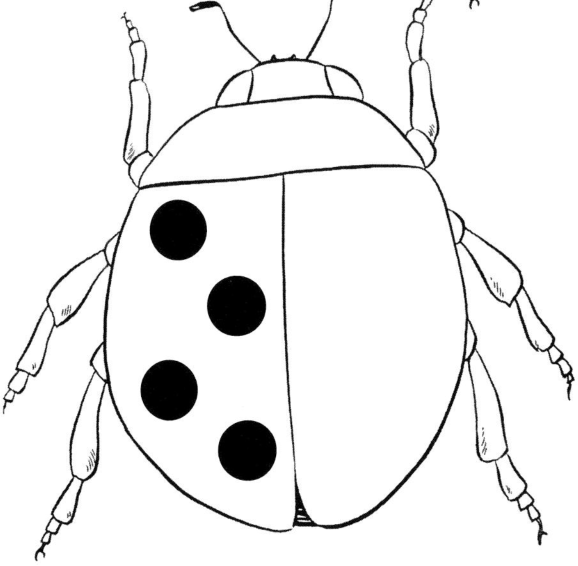

Kopiervorlage „Wiesenwürfelspiel“

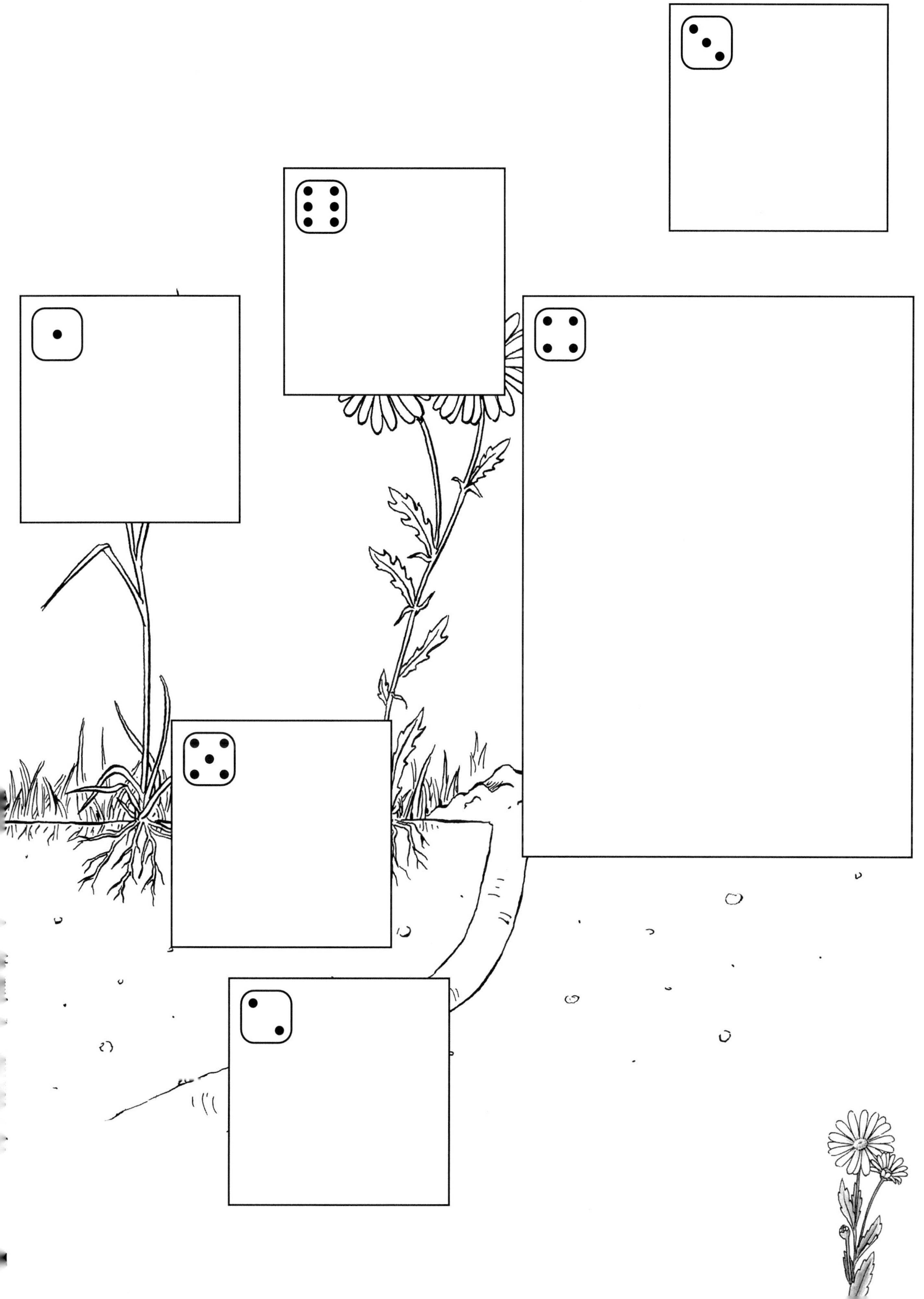

Kopiervorlage „Tierkarten“

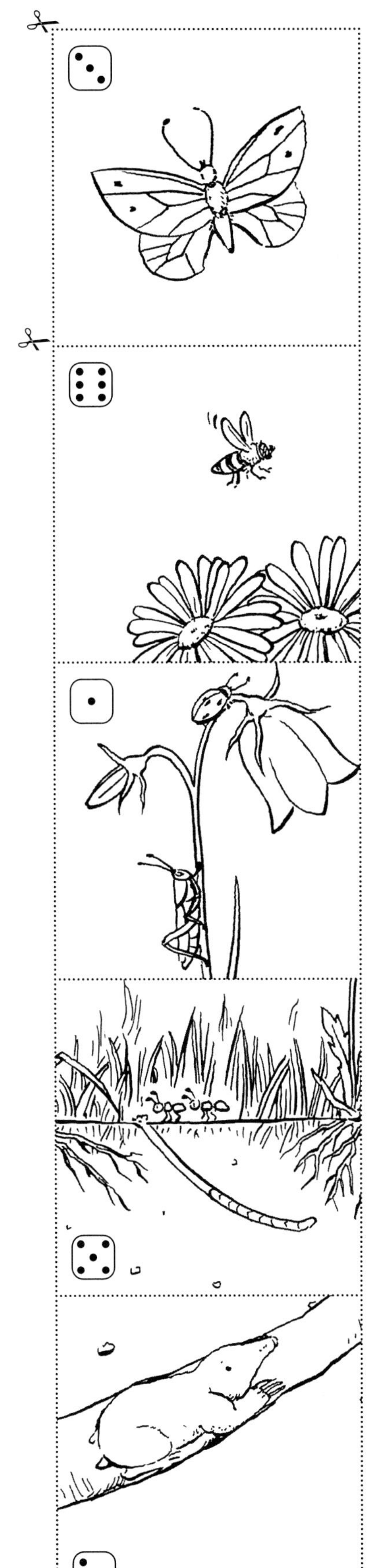

Wiesenwürfelspiel (ab 4 Jahren)

Material:
Kopiervorlage „Wiesenwürfelspiel“ (s. S. 31), Kopiervorlage „Tierkarten“ (s. S. 32), 1 Schere, ggf. Buntstifte, Würfel

Vorbereitung:
Kopieren Sie den Spielplan und die Tierkarten für jedes Kind. Die sechs Tierkarten werden ausgeschnitten. Die Kinder können den Spielplan und die Tierkarten auch vorab ausmalen.

Spielanleitung:
Es wird reihum gewürfelt. Das Kind benennt die gewürfelte Augenzahl und schaut, welches Tier in das leere Feld gehört. Es benennt das Tier. Hat das Kind diese Zahl schon einmal gewürfelt, ist das nächste Kind an der Reihe. Das Kind, das als Erstes alle Wiesentiere auf seinem Spielplan ablegen konnte, hat gewonnen.

Zahlenraupe (ab 4 Jahren)

Material:
Kopiervorlage „Zahlenraupe“ (s. S. 34), Buntstifte, Scheren, Kleber, 1 Blatt Papier pro Kind

Vorbereitung:
Die Vorlage für die Zahlenraupe wird für jedes Kind kopiert. Jedes Kind erhält seine Vorlage. Den Kopf der Raupe sowie die Kreise mit den Zahlen können die Kinder in unterschiedlichen Farben anmalen.

Arbeitsanleitung:
Die Kinder schneiden die Teile der Raupe aus. Sie legen diese in der richtigen Reihenfolge auf einen Tisch. Anschließend kleben sie die fertige Raupe auf ein Blatt Papier. Wenn die Kinder Lust haben, können sie anschließend einen Hintergrund für die Raupe malen.

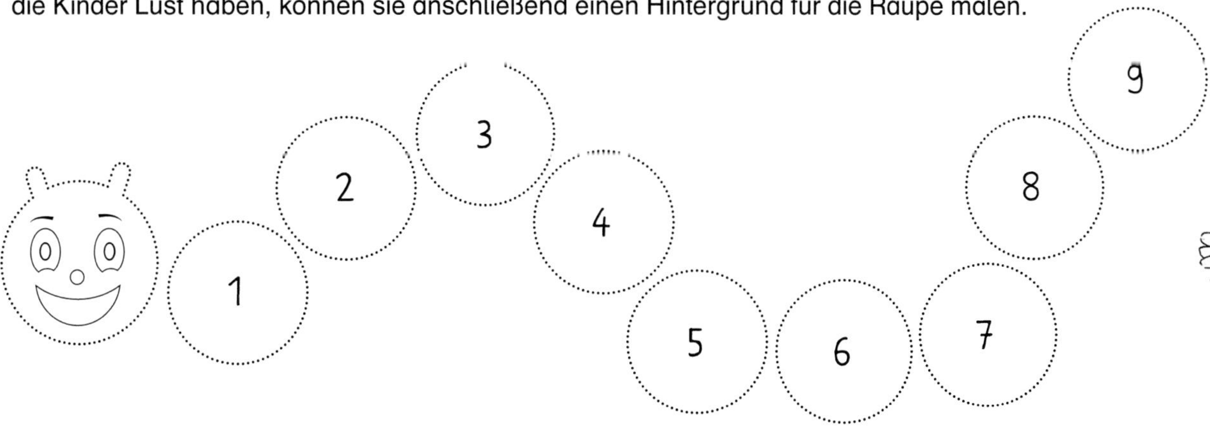

Kopiervorlage „Zahlenraupe“

4

9

6

5

3

7

1

2

8

Maulwurf-Labyrinth (ab 4 Jahren)

Wie kommt der Maulwurf nach oben?

✏ Zeichne den Weg ein.

Wiesenmandala (ab 2 Jahren)

Material:
Naturmaterialien wie Blumen, Blätter, Früchte, Stöcke und Steine, ggf. ein Fotoapparat

Vorbereitung:
Die Kinder sammeln auf der Wiese Naturmaterialien wie Blumen, Blätter, Früchte, Stöcke und Steine. Dabei sollen die Kinder vorsichtig sein, nicht zu viel zu pflücken und möglichst viel bereits Heruntergefallenes sammeln.

Arbeitsanleitung:
Aus den Naturmaterialien legen die Kinder auf dem Boden gemeinsam ein Mandala. Dafür können die Kinder nacheinander die Materialien anlegen und sich besprechen.

Betrachten Sie mit den Kindern am Ende das fertige Mandala. Fragen Sie die Kinder, welche Materialien sich alle darin befinden.
Das Mandala kann auch anschließend noch einmal neu gelegt werden.
Machen Sie gerne ein Foto des Mandalas, welches Sie später ausdrucken und im Kita-Raum aufhängen können.

Wiesengeräusche (ab 2 Jahren)

Material:
ggf. Papier und Buntstifte

Vorbereitung:
Suchen Sie sich eine möglichst natürliche und artenreiche Wiese in der Nähe. Sprechen Sie ggf. mit dem Eigentümer ab, ob Sie die Wiese für das Angebot nutzen dürfen. Am besten haben Sie natürlich eine Wiese auf Ihrem Kita-Gelände.

Arbeitsanleitung:
Die Kinder legen sich auf eine Wiese und schließen die Augen. Sie werden still und achten darauf, welche Geräusche sie wahrnehmen (Zirpen der Grillen, Summen der Bienen, Zwitschern der Vögel, Rauschen der Blätter …). Anschließend können sich die Kinder darüber austauschen oder auch ein Bild dazu malen.

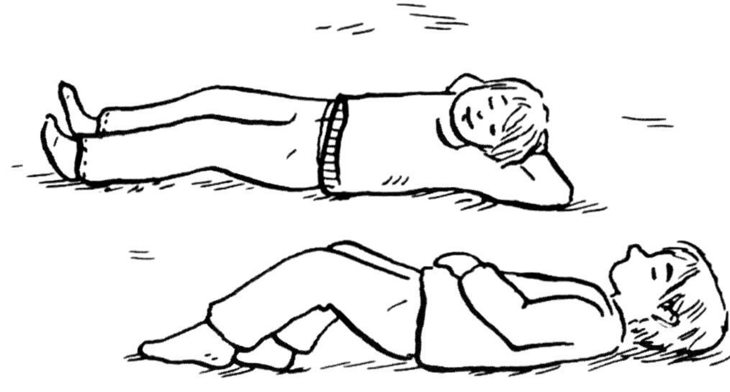

BVK • Svenja Ernsten: Kita aktiv „Projektmappe Wiese“

Wiesen-Fantasiereise (ab 3 Jahren)

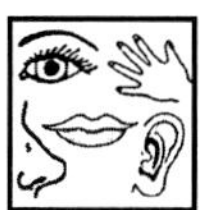

Material:
Matten oder Decken

Arbeitsanleitung:
Die Kinder legen sich in einem Raum bequem auf Matten oder Decken. Sie schließen die Augen. Lesen Sie den Text der Fantasiereise langsam und mit ruhiger Stimme vor. Legen Sie Pausen ein, damit die Kinder sich die einzelnen Dinge gut vorstellen können.

Fantasiereise:
Stelle dir vor, es ist ein schöner Frühlingstag. Die Sonne scheint warm vom Himmel. Du läufst barfuß über die Wiese. Unter deinen Füßen spürst du das Gras. Es kitzelt etwas. Überall wachsen gelbe, rote, blaue und weiße Blumen. Du hörst die Bienen summen. Sie fliegen zu den bunten Blumen und sammeln fleißig Nektar. In deiner Nase hast du den Duft von leckerem Honig! Du kannst ihn auf deiner Zunge schmecken.
Ein Schmetterling flattert über die Wiese und setzt sich auf eine Blüte. Mit ausgebreiten Armen läufst auch du durch das Gras. Du fühlst dich wunderbar leicht! In der Hecke hörst du die Vögel zwitschern.
Das Zwitschern hört sich für dich wie ein zauberhaftes Lied an.
Du kniest dich ins Gras und pflückst ein paar Blumen. Du möchtest deiner Mutter einen kleinen Strauß mitbringen. Er ist wunderschön geworden!
Dort, wo du die Blumen gepflückt hast, sind schon wieder neue Blumen nachgewachsen. Ob diese Wiese magisch ist?
Da entdeckst du einen Marienkäfer auf einer Blüte. Du nimmst den kleinen Käfer vorsichtig auf deine Finger. Du fühlst dich sehr wohl und glücklich.
Es scheint ein Glückskäfer zu sein! Der Käfer krabbelt bis zu deiner Fingerspitze. Dann öffnet er seine Flügel und hebt ab. Du schaust ihm hinterher.
Schließlich pflückst du noch ein paar Blumen und hüpfst mit dem Strauß zum Rand der Wiese. Jetzt machst du dich auf den Nachhauseweg.

Öffne nun langsam deine Augen und komme zurück in den Raum.

Tipp:
Die Kinder können sich darüber austauschen, was sie bei der Fantasiereise gesehen und gefühlt haben. Sie können auch ein Bild dazu malen.

Blumen stecken (ab 3 Jahren)

Material:
Acrylfarben, Pinsel, 1 runder Bierdeckel pro Kind, viele bunte Wäscheklammern

Vorbereitung:
Die Bierdeckel werden vorab von den Kindern in bunten Farben angemalt. Die bunten Bierdeckel und die bunten Klammern werden auf einem Tisch ausgelegt.

Spielanleitung:
Die Kinder nehmen sich einen Bierdeckel und befestigen an diesem rundherum Wäscheklammern, sodass eine Blume entsteht. Dabei können sie verschiedene Farbkombinationen ausprobieren und jeweils die Farbe beim Anstecken benennen. Welche Farben gefallen ihnen gut zusammen, welche nicht? Auch die Anzahl der angesteckten Blütenblätter kann gezählt werden.

Am Ende können die Kinder sich eine Blume zusammenstecken, die sie am schönsten finden und sich gegenseitig präsentieren.

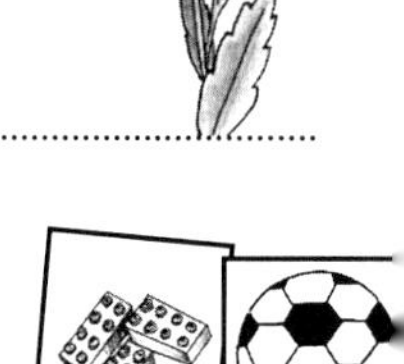

Tau treten (ab 2 Jahren)

Material:
(alte) Handtücher

Arbeitsanleitung:
Die Kinder ziehen ihre Schuhe und Socken aus und laufen morgens ungefähr drei bis fünf Minuten barfuß über das taubedeckte Gras auf einer Wiese auf dem Kita-Gelände. Dabei laufen die Kinder langsam und heben ihre Füße beim Laufen wie ein Storch komplett aus dem Gras. Danach werden die Füße abgetrocknet und die Socken und Schuhe wieder angezogen.
Die Kinder können sich anschließend darüber austauschen, wie es sich angefühlt hat.

Hinweis:
Das Tautreten fördert die Durchblutung der Füße und stärkt das Immunsystem.

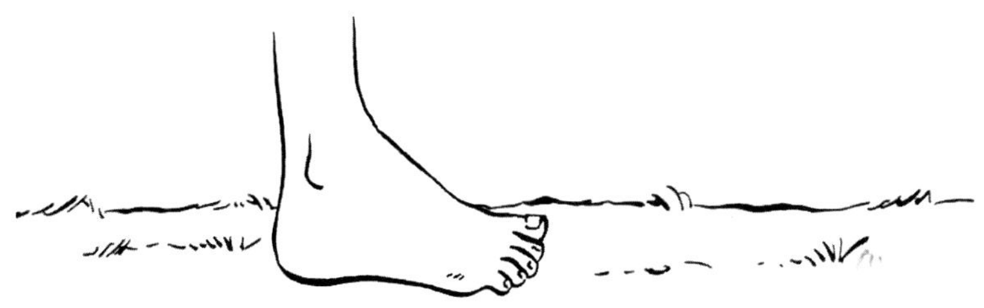

Wiesentier-Lauf (ab 2 Jahren)

Material:
2 Seile

Vorbereitung:
Markieren Sie in der Turnhalle oder auf einer Wiese mit zwei Seilen eine Start- und eine Ziellinie.

Spielanleitung:
Fordern Sie die Kinder auf, diese Strecke wie ein bestimmtes Tier zurückzulegen.
Machen Sie die Tierbewegungen vor. Sie können zum Beispiel folgende Anweisungen geben:

- Hüpfe wie ein Frosch!
- Stakse wie ein Storch!
- Flattere wie ein Schmetterling!
- Krabble wie ein Käfer!
- Hoppel wie ein Hase!
- Fliege wie ein Vogel!

Spinnennetz bauen (ab 3 Jahren)

Material:
Wollknäuel

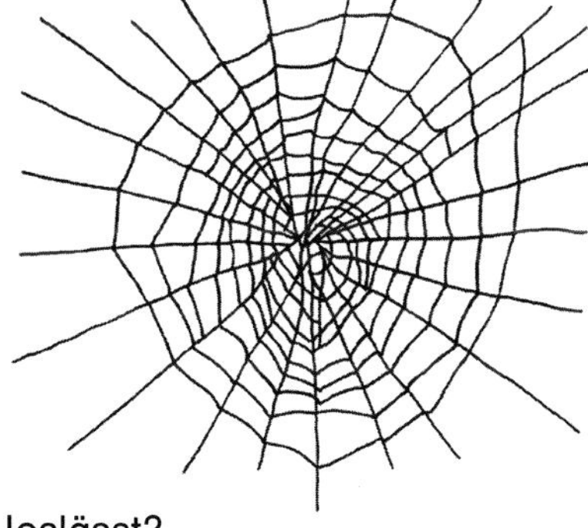

Spielanleitung:
Sagen Sie den Kindern, dass sie nun gemeinsam ein Spinnennetz bauen. Die Kinder stellen sich im Kreis auf. Ein Kind nimmt das Wollknäuel in die Hand. Es hält das Ende fest und wirft das Wollknäuel zu einem anderen Kind, dessen Namen es vorher nennt. Dieses Kind hält den Faden ebenfalls fest und wirft das Knäuel weiter. So entsteht in der Kreismitte ein Spinnennetz.
Können die Kinder es auch wieder entknoten, ohne dass ein Kind den Faden loslässt?

Variante:
Wenn die Kinder einem anderen das Wollknäul zuwerfen, sagen sie nicht nur dessen Namen, sondern auch eine Sache, die ihm an dem anderen Kind gefällt.

Luftballonraupen-Spiel (ab 4 Jahren)

Material:
Hütchen, Stangen, 1 Bank, Luftballons

Vorbereitung:
Die Luftballons werden aufgepustet. Bauen Sie einen Parcours auf: Aus den Hütchen wird ein Slalom aufgestellt. Die Stangen werden hintereinander auf den Boden gelegt, sodass die Kinder darübersteigen können. Dahinter wird die Bank zum Herüberbalancieren aufgestellt.

Spielanleitung:
Die Kinder stellen sich hintereinander auf. Zwischen dem Rücken des vorderen Kindes und dem Bauch des hinteren Kindes wird jeweils ein Luftballon geklemmt. Die Kinder laufen so den Parcours ab und versuchen dabei, die Luftballons nicht herunterfallen zu lassen.

BVK • Svenja Ernsten: Kita aktiv „Projektmappe Wiese"

Bunte Wiese (ab 3 Jahren)

Material:
Karten aus Tonpapier in verschiedenen Farben (Grün, Rot, Blau, Gelb, Weiß, Lila, Pink), ggf. Becherlupen

Spielanleitung:
Halten Sie eine Tonkartonkarte hoch und lassen Sie die Kinder die Farbe benennen. Fordern Sie die Kinder auf, Dinge in dieser Farbe auf der Wiese zu suchen. Die Kinder können ihre gesammelten Dinge jeweils auf den zugehörigen Tonkarton legen.
Um kleine Insekten der entsprechenden Farbe zu sammeln, können Becherlupen genutzt werden.
Die Insekten werden danach an der Stelle wieder freigesetzt, wo sie eingefangen wurden.

Hinweis:
Weisen Sie die Kinder darauf hin, dass sie jeweils nur eine Blüte bzw. ein Blatt einer Blume abpflücken sollen. Außerdem sollen sie behutsam mit den Tieren umgehen.

BVK • Svenja Ernsten: Kita aktiv „Projektmappe Wiese"